KB146480

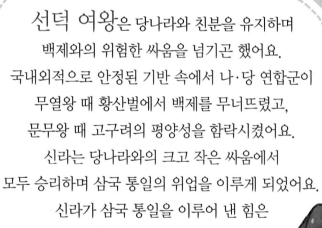

선덕 여왕은 당나라와 친분을 유지하며
백제와의 위험한 싸움을 넘기곤 했어요.
국내외적으로 안정된 기반 속에서 나·당 연합군이
무열왕 때 황산벌에서 백제를 무너뜨렸고,
문무왕 때 고구려의 평양성을 함락시켰어요.
신라는 당나라와의 크고 작은 싸움에서
모두 승리하며 삼국 통일의 위업을 이루게 되었어요.
신라가 삼국 통일을 이루어 낸 힘은
어디에 있는지 살펴볼까요?

추천 감수 박현숙(고대사)

고려대학교 사범대학 역사교육과를 졸업하고 동 대학원에서 문학박사 학위를 받았습니다. 현재 고려대학교 사범대학 역사교육과 교수로 재직 중이며, 백제 문화와 고대 인물사 등에 대한 활발한 연구를 계속하고 있습니다. 쓴 책으로 〈백제의 중앙과 지방〉, 〈한국사의 재조명〉 등이 있습니다.

추천 감수 정구복(고려사 · 조선사)

서울대학교 사범대학 역사교육과를 졸업하고 서강대학교에서 문학박사 학위를 받았습니다. 한국학중앙연구원 한국학대학원의 교수로 재직 중이며, 한국학중앙연구원 한국학대학원 원장을 역임하였습니다. 쓴 책으로 〈한국인의 역사 의식〉, 〈역주 삼국사기〉, 〈한국 중세 사학사 1, 2〉 등이 있습니다.

추천 감수 김한종(근현대사)

서울대학교 사범대학 역사교육과를 졸업하고 동 대학원에서 역사교육을 전공하여 문학박사 학위를 받았습니다. 현재 한국교원대학교 교수로 재직 중입니다. 쓴 책으로 〈역사 교육 과정과 교과서 연구〉, 〈역사 교육의 내용과 방법〉(공저), 〈한 · 중 · 일 3국의 근대사 인식과 역사 교육〉(공저), 〈역사 교육과 역사 인식〉(공저) 등이 있습니다.

고증 문중양(과학사)

서울대학교 계산통계학과를 졸업하고 동 대학원에서 이학박사 학위를 받았습니다. 쓴 책으로 〈우리 역사 과학 기행〉, 〈우리의 과학문화재〉(공저), 〈세종의 국가 경영〉(공저) 등이 있습니다.

고증 정연식(생활사 및 복식)

서울대학교 국사학과를 졸업하고 동 대학원에서 문학박사 학위를 받았습니다. 쓴 책으로 〈조선 시대 사람들은 어떻게 살았을까?〉(공저), 〈일상으로 본 조선 시대 이야기 1, 2〉 등이 있습니다.

글 박영규

1996년 밀리언셀러 〈한권으로 읽는 조선왕조실록〉을 출간한 이후 〈한권으로 읽는 고려왕조실록〉, 〈한권으로 읽는 백제왕조실록〉, 〈한권으로 읽는 신라왕조실록〉 등 '한권으로 읽는 역사 시리즈'를 펴내면서 쉽고 재미있는 역사책 읽기의 바람을 일으켰습니다. 그 외에도 〈교양으로 읽는 한국사〉 등의 많은 역사책을 썼습니다.

그림 류동필

홍익대학교 시각디자인과를 졸업하고, 여러 차례의 개인전과 그룹전을 개최하였습니다. 그린 그림으로 〈생활사 박물관〉, 〈탑돌이〉, 〈은혜 갚은 소년〉, 〈소가 된 게으름뱅이〉, 〈이순신〉, 〈왕건〉 등이 있습니다.

이미지 제공

연합포토, 중앙포토, 국립중앙박물관, 국립부여박물관, 국립경주박물관, 국립민속박물관, 유연태(사진작가), 허용선(사진작가)

광개토 대왕 이야기 한국사 ㉙ 통일 신라

신라, 삼국을 통일하다

총기획 및 발행인 박연환
발행처 (주)한국헤르만헤세
출판등록 제17-354호
연구개발원 경기도 성남시 분당구 금곡동 444-148
대표전화 (031)715-7722
팩스 (031)786-1100
본사 서울시 송파구 석촌동 7-3
대표전화 (02)470-7722
팩스 (02)470-8338
고객문의 080-715-7722
편집 임미옥, 백영민, 윤현주, 지수진, 최영란
디자인 장월영, 주문배, 김덕준, 김지은

ⓒ Korea Hermannhesse

이 책의 저작권은 (주)한국헤르만헤세에 있습니다. 본사의 동의나 허락 없이는 어떠한 방법으로도 내용이나 그림을 사용할 수 없습니다.

△ 주의 : 본 교재를 던지거나 떨어뜨리면 다칠 우려가 있으니 주의하십시오.
고온 다습한 장소나 직사광선이 닿는 장소에는 보관을 피해 주십시오.

이 책의 표지는 일반 용지보다 1.5배 이상 고가의 고급 용지인 드라이보드지를 사용해 제작하였습니다. 표지를 드라이보드지로 제작하면 습기의 영향을 덜 받기 때문에 본문 용지가 잘 울지 않고, 모양이 뒤틀리지 않아 책을 오랫동안 보존할 수 있습니다.

이 책은 기존의 석유 잉크 대신 친환경 식물성 원료인 대두유 잉크를 사용하여 인쇄하였습니다. 대두유 잉크는 선진국에서 널리 사용하고 있는 고가의 대체 잉크로, 휘발성이 적어 인쇄 상태의 보존이 용이하고, 인체에 무해할 뿐만 아니라 눈에 부담을 주지 않는 자연스러운 색을 내는 특징이 있습니다.

신라, 삼국을 통일하다

삼국을

감수 **박현숙** | 글 **박영규** | 그림 **류동필**

한국헤르만헤세

신라의 첫 여자 임금인 선덕 여왕

선덕 여왕의 지혜

여성 최초로 신라의 왕이 된 선덕 여왕은 진평왕의 둘째 딸이었어요.
이름은 덕만이며, 첫째 왕비인 마야 부인 김씨가 어머니였어요.

덕만에게는 천명이라는 언니가 있었는데, 천명은 김용수와 혼인했어요.
원칙대로라면 천명의 남편 김용수가 왕이 되어야 했지만,
신하들은 왕답지 않았던 진지왕의 아들을 왕위에 앉히고 싶지 않았어요.
그래서 진평왕은 화백 회의를 열었어요.
"왕위를 누구에게 물려줘야 할지 모르겠소."
결국 귀족들은 김용수 대신 둘째 딸인 덕만을 왕위에 올리기로
결정했어요.
"덕만 공주는 그 어떤 왕족보다도 뛰어나서 왕위에 오르면
잘 해낼 것입니다."
덕만이 후계자로 정해진 후 얼마 지나지 않아 마야 부인이 세상을
떠났어요. 진평왕은 승만 부인을 둘째 왕비로 맞아들였어요.
승만 부인이 아들을 낳자 덕만의 자리가 위태로워졌지만
왕자는 태어난 지 얼마 지나지 않아 죽고 말았어요.
그래서 덕만이 왕위에 오르니 바로 신라 선덕 여왕이에요.
어느 날, 선덕 여왕에게 당나라 태종 이세민이 선물을 보내왔어요.
모란꽃을 그린 그림과 꽃씨였지요.
선덕 여왕이 입을 꾹 다물고 아무 말이 없자 신하들이 물었어요.
"당나라가 우리를 가까이 여겨 선물을 보내왔는데,
왜 기뻐하지 않으십니까?"
"이 꽃씨를 심어 모란이 피어도 향기는 없을 것이오."

신하들은 고개를 갸웃거렸어요.

"이 그림에는 나비가 없지 않소? 향기가 없으니 나비도

모이지 않는 것이오. 내가 짝이 없는 것을 비웃는 것이오."

그림 속에 담긴 뜻까지 꿰뚫어 보는 선덕 여왕의 말에 신하들은

깜짝 놀랐어요.

본디 선덕 여왕에게는 김용춘이라는 남편이 있었어요.

하지만 아이가 생기지 않아 남편 자리에서 물러나야 했지요.

당나라 태종이 모란 그림을 보내온 것은 바로 이때였어요.

선덕 여왕이 왕위에 오른 지 3년이 지나도록 당나라

태종은 선덕 여왕이 여자라는 이유로 신라 왕으로

인정해 주지 않았지요.

선덕 여왕은 자신을 무시한 당나라와도 잘 지내려고 노력했어.

선덕 여왕은 꾹 참으며 당나라와 신라의 관계를

두텁게 하기 위해 노력했어요.

당시 신라는 백제와 고구려 사이에서 큰 어려움을

겪고 있었기 때문에 당나라의 도움이 필요했어요.

한편 백제는 의자왕이 642년 7월에 신라를 공격하여

신라의 성 40여 개를 차지했어요.

선덕 여왕은 결국 고구려의 도움을 받기로 결정했어요.

그래서 말솜씨가 좋고 판단력이 빠른 김춘추를 고구려에

보냈어요.

8

김춘추는 고구려에 가서 연개소문을 만났어요.

연개소문은 왕보다도 더 큰 권력을 휘두르던 사람으로,

군대를 손안에 쥐고 있었으며, 나랏일을 나서서 처리했어요.

"만약 신라가 예전의 잘못을 뉘우치고 땅을 돌려준다면

한번 생각해 보겠소."

김춘추는 연개소문의 말에 어이가 없었어요.

"신라는 백제 때문에 어려움을 겪고 있는데 고구려는 오히려

협박을 하는군요." 연개소문의 얼굴이 험악해졌어요.

"우리 뒤통수를 쳐서 자기 배를 채울 때는 언제고 이제 와서 도움을

청하다니. 여봐라! 이자를 감옥에 가두어라."

분황사 석탑은
국보 제30호로
지정되어 있어.

▲ 634년(선덕 여왕 3)에 건립된 분황사 석탑

김춘추는 감옥 안에서 앉지도 못하고 계속 서성거렸어요.

김춘추는 다시 연개소문을 만나게 해 달라고 간청했어요.

"저를 신라로 돌려보내 주시면 어떻게든 왕을 설득해 보겠습니다."

연개소문은 김춘추를 풀어 주었어요.

김춘추는 돌아오자마자 선덕 여왕을 만났어요.

"제가 거짓말을 하여 고구려를 빠져나왔지만, 고구려는 우리를
도울 생각이 없는 듯합니다."

"결국 우리가 기댈 곳은 당나라밖에 없단 말이냐?"

하지만 당 태종도 자신의 친척을 왕으로 앉히지 않으면 도와주지
않겠다고 했어요.

결국 신라는 어느 나라의 도움도 받지 못한 채 고구려,
백제와 맞서야 했어요.

다행히 김유신이 백제로부터 7개의 성을 되찾을 수 있었지만 곧 다시
빼앗겼어요.

게다가 647년에는 반란이 일어나
김유신과 알천이 반란군을 모두
물리쳤지만, 나라는 여전히
불안했어요.

이 와중에 선덕 여왕은 병을 얻어
세상을 떠나고 말았어요.

▲ 경상북도 경주시 보문동에 있는 선덕 여왕릉

선덕 여왕에 얽힌 이야기

일연이 쓴 〈삼국유사〉 '기이 편'에는 선덕 여왕에 얽힌 설화가
소개되어 있어요.
하나는 선덕 여왕이 백제군의 공격을 미리 알고 물리친 이야기예요.
어느 겨울날, 영묘사에 있는 옥문지라는 연못에 때 아닌 개구리들이
몰려들었어요.
겨울잠을 자고 있어야 할 개구리들이 몰려나와 시끄럽게 울어 대니
승려들은 물론이고 백성들까지 이상하게 생각했어요.
이 일을 전해들은 선덕 여왕은 잠시 생각에 잠기더니 장수들에게
명령했어요.

"서쪽으로 군사를 보내라. 백제군이 여근곡에 숨어 있는 것 같구나."

여근곡에 도착해 보니 과연 백제군 500여 명이 숨어 있었어요.

신라군은 이들을 가볍게 무찔렀지요.

장수들은 선덕 여왕이 이 사실을 어떻게 알았는지 물어 보았어요.

선덕 여왕은 빙그레 웃으며 대답했어요.

"옥문지의 이름에서 알게 되었소. 옥문이란 여성을 뜻하고,

다른 말로 여근이라고도 하오. 나는 옥문이라는 이름을 듣고

그와 의미가 같은 이름을 가진 땅을 생각해 낸 것뿐이오.

또 겨울은 하얀색의 계절이 아니겠소? 본디 하얀색은 서쪽을 나타내는

색이오. 또한 개구리는 군사를 뜻하는 것이오."

신하들은 선덕 여왕의 지혜에 깜짝 놀랐어요.

또 다른 이야기는 선덕 여왕이 자신이 죽을 날을 예언한 거예요.

"내가 죽거든 낭산 꼭대기에 있는 도리천에 묻어 주오."

도리천은 부처의 나라였기 때문에 신하들은 이해할 수 없었어요.

선덕 여왕의 예언은 삼국을 통일한 문무왕 때 가서야 이루어졌어요.

문무왕은 삼국 통일 후 낭산에 사천왕사라는 절을 세웠어요.

불교에서는 사천왕이 있는 곳을 사왕천이라고 하고,

그 위에 있는 부처의 나라를 도리천이라고 불렀어요.

그런데 사천왕사가 있는 곳은 낭산 꼭대기의 아래였으므로,

선덕 여왕의 무덤이 도리천이 되는 셈이었지요.

백제에 시달린 진덕 여왕

당나라에 고개 숙이다

진덕 여왕은 진평왕의 동생인 갈문왕 국반의 딸로 이름은 승만이에요.

승만은 647년 선덕 여왕의 뒤를 이어 왕위에 올랐어요.

진덕 여왕 때부터 사실상 신라를 이끌어 간 사람은 김춘추와 김유신

그리고 알천이었어요.

특히 김유신은 선덕 여왕 때 반란 세력을 무찌르는 등 많은 공을 세워

백성들은 김유신을 신라의 수호신이라고까지 생각했어요.

알천은 상대등 벼슬에 올라 나랏일을 맡아보았어요.

반란으로 어수선해진 분위기를 다잡고, 당나라와의 관계를

두텁게 하는 데 많은 노력을 기울였어요.

또한 김춘추는 선덕 여왕 때부터 최고의 권력자로, 진덕 여왕 때도

그 지위를 계속 이어 갔어요.

이 세 사람 덕분에 진덕 여왕은 곧 나라의 안정을 되찾을 수 있었지요.

하지만 반란을 잠재우는 와중에 군사력도 많이 약해져 있었어요.

백제는 이 틈을 노려 647년 10월에 신라를 공격해 왔어요.

백제군은 순식간에 무산성, 감물성, 동잠성 세 성을 둘러싸 버렸어요.

반란 이후 크게 지친 신라군은 김유신이 1만 군사를 이끌고
직접 맞섰지만, 백제군의 상대가 되지 못했어요.
김유신의 근심은 날이 갈수록 깊어만 갔어요.
이때, 부하 한 명이 급히 달려왔어요.
"장군, 비녕자와 그 아들 거진이 목숨을 잃고 말았습니다."

장군,
큰일 났습니다!

무슨 일인가?
어서 말해 보거라.

▲ 태대각간 김유신 사적비

김유신은 할 말을 잃고 말았어요.

비녕자는 김유신이 특별히 아끼던 부하였기

때문이에요.

"비녕자와 그 아들은 집안의 대가 끊어지는 것도

두려워하지 않고 용감히 싸웠다. 우리는 그들의

죽음이 헛되지 않도록 해야 한다."

병사들은 이를 악물고 백제군과 싸웠어요.

이 싸움에서 신라군은 3,000명이 넘는 백제

군사의 목을 베었어요.

신라가 오랜만에 거둔 승리였지요.

하지만 백제는 648년에 장수 이직의 지휘 아래

신라의 서쪽 성들을 공격해 왔어요.

이렇게 백제는 끊임없이 신라를 공격했어요.

김유신과 같은 뛰어난 장수가 없었다면 신라는 버텨 내기 힘들었을

거예요.

김유신 덕분에 신라는 백제를 겨우 내몰았지만, 안심할 수만은

없었어요.

진덕 여왕과 김춘추는 심각하게 이야기를 나누었어요.

"이대로 얼마나 버틸 수 있을지 모르겠소. 백제는 싸움을 멈출 생각을

하지 않고, 고구려는 우리가 지칠 때만 기다리고 있소."

김춘추의 표정도 어두웠어요.

"우리가 기댈 곳은 당나라밖에 없을 것 같습니다."

진덕 여왕은 마지못해 김춘추를 당나라로 보냈어요.

김춘추는 아들 문왕과 함께 당나라로 가서 태종을 만났어요.

"폐하, 이제까지 신라는 당나라를 정성껏 섬겨 오지 않았습니까?

부디 군사를 보내 주십시오."

하지만 당나라 태종은 조건을 내걸었어요.

김춘추는 미리 생각해 둔 바를 이야기했어요.

"당나라를 모시는 나라로서 모든 예의를 갖출 것입니다.

당나라 옷을 입고, 당나라 깃발을 쓰도록 하겠습니다."

하지만 당나라 태종의 욕심은 여기서 그치지 않았고,

연호도 자신들의 것을 따르라고 했어요.

▲ 진덕 여왕릉

욱~, 당나라 욕심이 끝도 없군.

당나라 도움이 필요했던 신라 입장에선 선택의 여지가 없었겠지.

삼국 통일의 기반을 닦은 태종 무열왕

김춘추, 왕이 되다

654년 3월에 진덕 여왕이 자식을 남기지 않고 세상을 떠나자
신하들은 매일같이 모여 다음 왕을 누구로 정할지 의논했어요.
신하들이 맨 먼저 떠올린 사람은 상대등 알천이었어요.
"상대등 어른께서는 그동안 왕을 모시면서 전쟁과 외교에 대한 경험이
풍부하십니다."
다른 신하들의 생각도 같았어요.
"옳으신 말씀입니다. 진덕 여왕 시절, 반란이 일어났을 때에도 그

상대등께서는
선덕 여왕 시절에
앞장서서 고구려를
물리치셨지요.

활약이 대단했습니다.
당연히 용감하고 지혜로운 상대등께서
왕위에 오르셔야 합니다."
신하들은 이렇게 말하며 알천을 임금
자리에 올리려고 했어요.
하지만 정작 알천 본인은 왕위에 오를 생각이 없었어요.
아무리 신하들이 설득해도 알천은 마음을 바꾸지
않았어요.
"김춘추가 왕이 되어야 합니다."

알천이 김춘추를 추천하자 신하들은 적잖이 놀랐어요.

"물론 혈통으로 치자면 김춘추가 왕이 되어야겠지.

하지만 진지왕은 그야말로 왕답지 못한 왕이 아니었던가."

김춘추는 진지왕의 손자로 신하들은 진지왕을 몹시 싫어하여,

다음 왕이 될 사람을 의논할 때도 김춘추는 제쳐 두었던 거예요.

그렇다면 알천은 왜 김춘추를 내세웠을까요?

그것은 김춘추가 자신만의 세력을 가진 힘 있는 정치가였기 때문이에요.

외교 부문에 있어서도 김춘추를 따라갈 사람이 없었어요.

만약 알천이 왕위에 오르게 되면 세력이 강한 김춘추가

반란을 일으킬 가능성도 있었어요.

▲ 신라 최초의 진골 출신 왕, 태종 무열왕

김춘추는 성골만 왕이 되던 전통을 깨뜨렸어.

당시로서는 있을 수 없는 일인데….

▲ 태종 무열왕릉

알천은 김춘추에게 왕위를
양보해야 자신은 물론 자기
집안도 안전할 것이라
생각했던 거예요.
그리고 나라에도 큰 혼란이
일어나지 않을 것이라고
보았던 것이지요.

알천이 김춘추를 추천하자, 신하들은 고민에 빠졌어요.

이런 신하들을 설득한 사람이 바로 김유신이에요.

"무엇을 망설이십니까?

지금 우리 신라는 적들로 둘러싸여 있습니다.

이 상황을 이겨 내기 위해서는 천하가 어찌 돌아가는지 꿰뚫어 보고

잘 이용할 줄 아는 김춘추 공이 왕이 되어야 합니다."

김유신의 말은 설득력이 있었어요.

김유신은 당시 신라에서 가장 강력한 군사력을 가지고 있었고,

또한 화랑도 가야파의 실질적 지도자였기 때문이에요.

알천과 김유신이 한목소리로 추천하자, 신하들도 더 이상 망설이지

않았어요.

이렇게 해서 654년에 김춘추가 왕위에 오르니,

그가 바로 신라 제29대 태종 무열왕이에요.

백제가 무너지다

어렵게 왕이 된 무열왕은 기뻐할 틈이 없었어요.

신라를 둘러싼 나라들과 계속 전쟁이 벌어지고 있었기 때문이에요.

무열왕은 신하들을 불러 모았어요.

"지금 천하가 새롭게 바뀌고 있다. 우리 신라도 그 안에 있으니

앞으로 쉴 새 없이 싸움을 해야 할 것이다.

그대들은 주변 나라에 대해 들은 바가 없는가?"

신하들이 대답했어요.

"백제가 고구려를 한편으로 끌어들인 것 같습니다.

두 나라 모두 우리를 눈엣가시로 여기니, 곧 공격해 올 것입니다."

얼마 후 고구려와 백제, 말갈이 서로 힘을 합쳐 655년에 신라를

공격해 왔어요. 연합군은 순식간에 신라의 성을 33개나 빼앗았어요.

무열왕이 왕이 되기 전부터 당나라를 오가며 외교 활동을 벌였기 때문에 당나라가 도움을 준 거야.

"도저히 우리 힘만으로는 안 되겠다.

당나라에 도움을 청하자."

당나라 고종은 군사를 움직여 주었어요.

"신라를 치고 있는 연합군의 중심은 고구려다.

정명진과 소정방은 군사들을 이끌고 고구려를

공격하라."

그러자 고구려는 군사들을 북쪽 국경으로 돌렸어요.

고구려가 빠지자 백제도 군사를 거두었어요.

겨우 한숨을 돌리게 된 무열왕에게 신하들이 말했어요.

"폐하, 지금 백제는 의자왕 때문에 나라가 흔들린다고 합니다."

"흠, 지금 백제를 치면 좋겠지만 우리 혼자서는 안 된다.

당나라의 힘을 또 빌려 보자."

하지만 당나라는 군사를 움직여 주지 않았어요.

당나라도 고구려와 계속 전쟁을 하다 보니 힘이 없었어요.

그래도 무열왕은 660년에 김유신을 상대등에 앉히고 백제 공격을

준비하기 시작했어요. 무열왕은 아들 김인문을 당나라에 보내 고종을

설득하기 위해 애를 썼어요.

"폐하, 당나라가 고구려를 이기려면 먼저 백제를 눌러야 합니다."

▲ 나·당 연합군의 백제 공격

사실 당나라 고종은 고구려를 치고 싶은 생각에 백제를 거들떠볼
여유가 없었어요.
하지만 다른 나라가 자신을 섬기게 하기 위해서는 위태로운 때에
도움을 주어야 한다고 생각하고 마음을 바꿨어요.
그리하여 660년에 소정방이 이끄는 13만 당나라군이 신라로 왔어요.
끝도 없이 이어지는 당나라군의 행렬을 보고
무열왕은 웃음을 터뜨렸어요.

"우리 또한 준비를 철저하게 했으니, 백제를
무너뜨리는 것은 시간문제다."

소정방은 거만한 태도로 무열왕을 만났어요.

"이 삼한 땅에 이만한 군대를 가진 나라가 어디 있겠습니까?
돌아오는 7월 10일에 백제의 도성을 치도록 하지요."
무열왕은 소정방의 버릇없는 태도가 마음에 들지 않았지만,
당나라의 도움을 받자면 참아야 했어요.
"백제를 무너뜨리기만 한다면 그대를 나라의 영웅으로
생각하겠소."
그리고 무열왕은 김유신과 태자 법민에게 5만의 군사를
주어 백제를 치게 했어요.

우리 대군이 왔으니
이제 신라는 안심해도
될 것입니다.

정말 고맙소.
그대 덕분에 우리가
살겠구려.

▲ 660년 나·당 연합군이 백제를 공격한 황산벌 싸움 기록화

백제 의자왕이 나랏일을 잘 돌보지 않아 국경에 있는 성들의
방어 상태는 엉망이었어요.
하지만 이런 상황에서도 목숨을 던져 백제를 지키고자 황산벌로
나선 장수가 있었으니, 바로 장군 계백이었어요.
계백이 이끄는 백제의 결사대는 단 5,000명이었지만 5만이나 되는
신라군이 오히려 밀릴 정도였어요.
계속된 패배로 군사들의 사기는 땅에 떨어졌어요.
그러자 장군 품일이 나서서 자신의 아들 관창을 불렀어요.
"지금 우리에게 필요한 것은 용기다. 네가 가서 계백의 목을 베어 오면
모두 예전의 사기를 되찾을 수 있을 것이다."

관창은 망설임 없이 대답했어요.

"네, 알겠습니다. 목숨을 걸고 계백의 목을 베어 오겠습니다."

하지만 관창은 계백의 군사에게 사로잡히고 말았어요.

"혼자 힘으로 무엇을 하겠다고 이렇게 적진으로 뛰어들었느냐?"

관창은 주눅 들지 않고 당당하게 대답했어요.

"내 비록 어리지만, 목숨 따위 아깝지 않소.

장군의 목을 베어 나라에 바치려고 이렇게 왔소."

계백은 관창의 기백에 감탄했어요.

"참 용기 있는 소년이로구나.

하지만 너는 아직 죽기에 이르다.

내 너를 살려 줄 테니 돌아가서

훌륭한 장수가 되도록 하여라."

하지만 관창은 밧줄이 풀리자마자 다시 말머리를 돌려 백제군 진영으로
뛰어들었어요.

계백은 안타까웠지만 관창의 목을 벨 수밖에 없었어요.

베어진 관창의 머리가 말에 실려 신라군 진영으로 돌아왔어요.

이를 본 신라의 병사들은 분통을 터뜨렸어요.

"어린 소년이 이렇게 목숨을 버렸는데, 우리가 목숨을
아낀다면 말이 되겠는가. 모두 힘을 내서 싸우자!"

어린 관창이 목숨을 바친 덕분에 신라군은 마음을 다지고

백제군 공격에 나서 계백의 결사대를 물리쳤어요.

김유신이 이끄는 5만 신라군은 백제의 도성인 사비성을

손안에 넣었어요.

더 이상 신라에 대항할 힘이 남아 있지 않다는 사실을 안 의자왕은

신하들을 데리고 웅진성으로 도망갔어요.

하지만 나·당 연합군은 웅진성까지 쫓아왔어요.

와아아아~

며칠을 성에 갇힌 채 버티던 의자왕은 결국

신라에 항복하고 말았어요.

의자왕은 항복했지만 곳곳에서 백제의 장수들이 나라를

일으켜 세우려고 나섰어요.

또한 신라에게는 여전히 고구려라는 강한 적이 남아 있었지요.

우리 백제는 이제
항복하겠소….

삼국을 통일한 문무왕

고구려도 무너지다

문무왕은 무열왕의 맏아들로 이름은 법민이에요.

법민은 태자 시절부터 전쟁터에 나가 많은 공을 세웠어요.

661년 7월, 무열왕이 세상을 떠나자 신라 제30대 문무왕이 되었어요.

문무왕은 왕이 된 뒤 곧바로 전쟁에 뛰어들어야 했어요.

당나라에 머무르던 동생 인문이 그쪽 정세를 전해 주었어요.

"아무래도 당나라가 고구려를 상대로 전쟁을 일으키려고 하는 것
같습니다."

문무왕은 즉시 김유신을 불렀어요.

"대장군 김유신은 어서 군대를 이끌고 고구려로 가라.

고구려만 무너지면 삼국 통일도 더 이상 꿈이 아니다."

김유신은 고구려의 평양을 향해 나아갔어요.

그런데 도와주려고 온 당나라 군대가 식량을 갖고 도망가는 바람에
평양에서 급히 빠져나와야 했어요.

"장군, 고구려군이 바싹 뒤쫓아 오고 있습니다."

"괜찮다. 저들은 우리가 정신없이 도망간다고 생각할 것이다."

김유신은 갑자기 뒤돌아 고구려를 공격하기 시작했어요.

이 싸움에서 신라는 고구려군 1만의 목을 베고 고구려 장수까지
포로로 잡았어요.

667년 9월에 고구려의 16개 성이 무너졌고, 곧이어 부여성 등
40여 개 성이 무너졌어요.

668년 9월에는 고구려의 보장왕이 머물던 평양성도 무너졌어요.

이제 고구려는 역사 속으로 사라지게 되었어요.

말머리를
돌려 고구려를
공격하라!

이제 고구려도
망하고 마는구나.

당나라와의 전쟁

하지만 신라가 기뻐하기에는 아직 일렀어요.

곧 당나라가 고구려와 백제 땅을 모조리 차지하려고 한다는

소식이 들려왔어요.

문무왕은 이제까지 당나라에 비위를 맞추던 태도를 바꾸었어요.

당나라에 항의하며 백제와 고구려 땅에서 군대를 철수하지 않았지요.

신라군은 670년 7월 백제 지역을 공격하여 63개 성을 차지했어요.

또 천존과 죽지 같은 장수도 7개 성을 차지하고 당나라 군사

2,000여 명을 죽였어요.

이렇게 하여 신라와 당나라 간의 전쟁이 본격적으로 시작되었어요.

당나라는 671년 장수 고간에게 4만 군사를 주어 신라를 공격하도록

했어요.

"당나라군이 평양에 도랑을
파고 둑을 쌓았습니다.
그 뒤에 숨어 화살을 날려
대니 병사들이 나아가질
못하고 있습니다."

문무왕은 바다를 지키고
있는 장수들을 불러
모았어요.

▲ 대왕암이라 불리는 문무왕 수중릉

"그대들은 본토에서 무기를 실어 나르는 당나라 배를 공격하라."
신라군은 바다를 누비며 당나라 배 70여 척을 부수었어요.
무기와 식량 공급이 끊어지자 당나라 군사들의 사기는 크게 꺾였어요.
그러자 신라는 672년, 평양 근처의 고구려 백성들과 손잡고 당나라군을
공격했어요. 이 싸움에서 많은 당나라 군사가 목숨을 잃었고, 굶주림에
지친 당나라군은 결국 물러갈 수밖에 없었어요.

김유신, 통일을 이룩하다

백제 땅과 고구려의 남쪽 땅을 차지한 신라는 이제 안정을 되찾아,

나라 살림을 보살피고 싶었어요.

하지만 당나라는 신라를 가만 놔두지 않았어요.

"설인귀가 도림성을 차지했습니다.

도림성의 현령인 거시지는 죽임을 당했습니다."

문무왕은 즉시 장수들을 불러 모았어요.

"설인귀의 군대를 완전히 몰아내야 이 전쟁이 끝날 것 같다.

장군 시득은 들어라. 그대는 설인귀와 맞서 싸우도록 하라."

676년 11월, 시득은 설인귀의 군대와 20여 번이나 싸움을 벌였어요.

신라군은 마침내 당나라 군사 4,000명을 죽이고 크게 승리했어요.

이제 대동강 아래의 한반도 땅은 모두 신라 차지가 되었어요.

신라는 제 힘으로 삼한을 차지한 거야.

김유신 장군같은 인재가 있었기 때문에 가능했지.

드디어 신라의 오랜 꿈인 삼국 통일이

이루어진 거예요.

비록 신라가 당나라와 손잡고 고구려와

백제를 몰아냈지만 신라가 당나라에

완전히 복종한 것은 아니었어요.

이후 백제 땅과 고구려 땅 일부를 놓고

당나라와 전쟁을 벌인 것만 보아도

알 수 있지요.

삼국 통일에 가장 큰 공을 세운 김유신은 가야 왕족의 후예인
서현과 만호 태후의 딸 만명 사이에서 태어났어요.
만호 태후는 진평왕의 어머니로, 김유신의 어머니 쪽은 왕족
중에서도 가장 신분이 높은 편이었어요.
김유신은 검술과 학문에 매우 뛰어나 화랑 중에서도 으뜸이었지요.
15세에 화랑에 들어가, 18세에는 화랑의 우두머리인 풍월주가 되었어요.
하지만 아버지가 가야 인이었던 김유신에게 더 이상의 기회는 주어지지
않았어요.
김유신이 신분의 벽을 넘어서기 위해서는 보다 힘 있는 누군가의 도움을
받아야 했어요.
김유신은 신라의 왕족인 김춘추를 자신의 누이동생과
혼인시키는 것이 좋겠다고 생각했어요.

▲ 김유신 장군상

그래서 왕족인
김춘추의 도움이
필요했구나.

김유신은 가야
출신이었기 때문에
출세에 한계가 있었어.

그래서 일부러 김춘추를 자기 집으로 불러들였지요.

김유신은 축국을 하다가 일부러 김춘추의 옷을 밟았어요.

그러자 김춘추는 땅바닥에 넘어지면서 옷고름이 떨어져 나갔어요.

"이런, 어서 집으로 돌아가야겠네. 내 꼴이 너무 흉하군."

"제 누이동생에게 옷고름을 달라고 시키지요."

김유신이 바느질을 맡기려 한 누이동생은 보희였어요.

하지만 보희가 몸이 아파 대신 동생 문희를 시켰어요.

이 일이 있기 얼마 전 보희가 문희에게 걱정스러운 얼굴로 말했어요.

"어젯밤 꿈이 참 이상하구나. 정말 민망한 꿈이었단다.

꿈속에서 내가 너무 오줌이 마려웠지 뭐니? 그래서 산에 올라가 오줌을

누었는데, 온 금성이 내 오줌으로 가득 차 버리는 거 있지?"

평범한 꿈이 아니라고 생각한 문희는 보희를 졸라 그 꿈을 샀어요.

문희는 그 꿈을 산 지 열흘 만에 김춘추의 옷고름을 꿰매게 된 거예요.

김춘추는 문희의 다소곳한 모습에 반하고 말았어요.

둘은 남몰래 만나 오다 문희가 김춘추의 아이를 가지게 되었어요.

김유신은 하인을 시켜 문희가 아비 없는 자식을 가졌다고

소문을 내게 했어요.

그런 다음 자기 집 마당에 쌓아 놓은 장작더미에 불을 붙였어요.

때마침 나중에 선덕 여왕이 되는 덕만 공주가 나들이를 나왔다가

이 불길을 보게 되었어요.

"어느 집에서 불이 난 것 같으니 어서 알아보고 오시오."

사정을 알아보고 온 신하가 입을 열었어요.

"저 집은 김유신의 집인데 자기 누이동생을 불태워 죽이려 한답니다.
남편 없이 아이를 가졌다고 하옵니다."

그때 덕만 공주 곁에 있던 김춘추가 얼굴을 붉혔어요.

"옳아, 그대가 아이의 아버지로구나. 어서 가서 구하지 않고 뭐하느냐."

김춘추는 김유신의 집으로 달려가 사정했어요.

"미안하네. 그 아이의 아비는 바로 나일세."

김유신은 다짐을 받듯이 김춘추에게 물었어요.

"그러면 뱃속 아이의 아버지가 되어 주시는 겁니까?"

"그렇고말고. 어찌 문희와 그 아이를 내가 내버려 두겠는가."

사실 김춘추에게는 이미 첫째 부인이 있었어요.

김유신은 김춘추 덕분에 상대등이 된 거네?

무슨 소리~, 김유신의 노력과 능력이 더 크게 작용한 거야!

본디 왕족과 혼인을 하려면 허락을
얻어야 했는데, 김유신의 꾀 덕분에
덕만 공주의 허락을 자연스럽게 얻은
꼴이 되었지요.

이후 김춘추의 첫째 아내가 세상을 떠나
문희가 그 자리에 앉았어요.

나중에 김춘추가 왕이 되자 문희는
왕비 자리에까지 올랐지요.

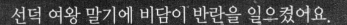

선덕 여왕 말기에 비담이 반란을 일으켰어요.

비담은 당시 백성들과 신하들로부터 존경을 받던 사람이어서

반란군의 수가 선덕 여왕의 병사들보다 더 많을 정도였어요.

하루는 밤하늘에 별똥별이 떨어졌어요.

그 모습을 보고 비담의 병사들은 환호성을 질렀어요.

"별이 떨어졌으니 왕이 바뀔 징조다."

김유신이 이끄는 선덕 여왕의 병사들은 풀이 죽었어요.

그러자 김유신은 허수아비를 연에 매달고 불을 붙여 밤하늘에 띄웠어요.

그리고 이튿날 이런 소문을 퍼뜨렸어요.

"어젯밤 별이 하나 떨어졌는데, 곧 다시 하늘로 올라갔다."

그러자 비담의 병사들이 흔들리기 시작했어요. 김유신은 이때를 놓치지

않고 비담의 군대를 공격해 순식간에 무너뜨렸어요.

그 뒤 김유신은 백제와 고구려를 무너뜨리는 데 큰 역할을 하면서

삼국 통일을 이룩한 신라의 영웅으로 존경받게 되었어요.

별이 다시 하늘로 올라간다!

신라의 큰스님, 원효와 의상

▲ 평생 불교를 퍼뜨리는 데 힘쓴 원효

문무왕 때 신라를 대표하는 두 승려는
원효와 의상이에요. 의상은 19세에 승려가 되어
9년 동안 당나라에서 불법을 공부했어요.
그리고 신라에 돌아와서 676년에
부석사를 세워 제자를 기르기 시작했어요.
의상은 불교의 가르침을 전하기 위해
제자들과 함께 지리산 화엄사, 가야산 해인사,
계룡산 갑사 등의 절을 세웠어요.

의상이 왕족과 귀족에게 불교를 가르치며 높은 수준의 불교 이론을
정리했다면, 원효는 일반 백성과 천민에게 쉬운 말로 불교를 전했어요.
이렇게 다른 두 사람이 한때는 같은 길을 갈 뻔했어요.
의상이 당나라로 유학을 떠날 때 원효도 함께 있었어요.
두 사람은 당나라로 가는 길에 어느 동굴에서 잠이 들었어요.
원효는 자다가 밤중에 목이 말라 깨어났는데, 마침 물이 담긴 바가지가
곁에 있어 벌컥벌컥 마셨어요.
아침이 되어 잠에서 깬 원효는 깜짝 놀랐어요.
바가지인 줄 알았던 것은 다름 아닌 해골이었던 거예요.
"해골에 고인 물인 줄 모르고 마셨을 때는 그리도 달콤하더니,
이를 알게 되니까 구역질이 나는구나.

아, 진리는 바로 내 마음속에 있는 것이로다."

그래서 원효는 당나라 유학을 그만두고, 부처의 가르침을 전하며

전국을 돌아다녔어요. 하루는 원효가 길거리에서 이렇게 소리쳤어요.

"누가 내게 자루 없는 도끼를 준다면, 하늘을 떠받칠 기둥을

만들 것이다."

무열왕은 그 말의 의미를 알아차리고 이렇게 말했어요.

"그 스님이 여인을 얻어 훌륭한 아들을 낳고 싶은가 보구나."

무열왕은 자신의 둘째 딸인 요석 공주와 원효를 맺어 주었어요.

의상과 원효는 불법을 전하는 방법이 다르긴 했지만, 두 사람의

가르침은 신라 불교가 더욱 발전할 수 있는 밑거름이 되었답니다.

신라를 대표하는 유적과 문화재

신라에는 세계가 감탄할 만한 문화재와 신라만의 독특한 나라 사랑이 깃들어 있는 유적이 많아요. 대왕암에는 문무왕의 나라 사랑하는 마음이 잘 나타나 있고, 감은사에는 아버지 문무왕이 통일한 신라를 더욱 굳건히 지키려는 아들의 효심이 담겨 있지요. 또 첨성대에는 신라의 뛰어난 과학 기술이, 분황사 석탑에는 부드러우면서도 힘찬 신라만의 예술 세계가 잘 드러나 있답니다.

❀ 죽어서도 나라를 지키겠노라, 대왕암

대왕암은 신라 제30대 문무왕의 무덤이에요. 경상북도 경주시 양북면 봉길리 앞바다에 있는 거대한 바윗덩어리가 바로 대왕암이랍니다. 삼국을 통일한 문무왕은 세상을 떠나면서 유언을 남겼어요. 자신이 죽으면 화장을 해서 동해에 묻어 달라는 것이었지요. 그러면 용이 되어 동해로 쳐들어오는 왜구를 막아 나라를 구하겠다는 것이었어요. 사람들은 문무왕의 유언에 따라 유골을 동해의 큰 바위에 장사 지냈어요.

▲ 문무왕의 수중릉인 대왕암

문무왕은 죽는 순간까지도 나라의 안녕을 기원했대.

❀ 왜구를 물리치기 위해 지은 감은사

▲ 감은사 터와 3층 석탑

감은사는 경상북도 경주시 양북면 용당리에 있는 통일 신라 시대의 절이에요. 삼국을 통일한 문무왕은 통일된 나라를 잘 이끌어 나가기 위해 감은사를 짓기 시작했어요. 하지만 절이 완성되기 전에 병으로 세상을 떠나고 말았지요.

문무왕의 뒤를 이어 왕이 된 신문왕은 아버지의 뜻을 받들기 위해 절을 완성한 뒤 아버지인 문무왕의 은혜에 감사한다는 뜻에서 '감은사'라는 이름을 지었어요. 지금은 절터와 두 개의 3층 석탑만이 남아 있답니다.

🌸 분황사 석탑

분황사 석탑은 분황사라는 절터에 세워진 것으로 신라에서 가장 오래된 탑이에요. 분황사 석탑은 선덕 여왕 3년에 세워졌어요. 탑이 세워졌을 당시에는 9층이었을 것이라고 추측하고 있지만, 지금은 3층만 남아 있지요. 분황사 석탑은 돌로 만들어졌는데, 네모반듯한 모양의 단 위에 벽돌 모양으로 깎은 돌을 차근차근 쌓아 만들었지요. 1층에는 네 개의 출입구가 있고, 석탑의 모퉁이마다 화강암으로 만들어진 사자가 서 있답니다.

▲ 분황사 터에 있는 분황사 석탑

우물 모양의 정상부

12층(12달)

창문은 정남

원통부

12층(12달)

기단부

🌸 첨성대

첨성대는 선덕 여왕 때 만들어진 것으로 세계에서 가장 오래된 천문대예요. 첨성대는 '하늘을 올려다보는 곳'으로 화강암으로 만들어졌어요.

그 모양을 보면, 모두 27단의 석단을 원통형으로 쌓아 올리고, 그 위에 긴 돌을 우물 모양으로 얹어 하늘을 살필 수 있는 시설을 설치한 것으로 보여요. 바깥에서 중앙에 뚫린 입구까지 사다리를 놓고 올라가서 안으로 들어가고, 거기서 다시 2개의 사다리를 놓고 우물 모양의 꼭대기로 올라갔다고 해요.

한국사 돋보기

첨성대는 왜 만들었을까?

선덕 여왕은 자신의 권위를 세우기 위해 첨성대를 만든 것으로 보여요. 그것은 천문학이 하늘의 움직임에 따라 농사짓는 시기를 결정할 수 있다는 점에서 농업과 깊은 관계가 있으며, 관측 결과에 따라 국가의 좋고 나쁨을 점치던 점성술이 당시에 중요시되었던 점으로 미루어 보아 정치와도 깊은 관련이 있다는 것을 알 수 있어요. 따라서 일찍부터 국가의 큰 관심사가 되었을 것이며, 이것이 첨성대를 세우는 데 좋은 배경이 되었을 것으로 짐작돼요.

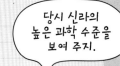
당시 신라의 높은 과학 수준을 보여 주지.

신라의 장수 김유신과 여자 임금들

김유신은 선덕 여왕이 임금의 자리에 오를 수 있도록 큰 도움을 주었어요. 그 뒤에도 선덕 여왕과 진덕 여왕의 곁에서 목숨을 걸고 신라를 지켰지요. 그리고 태종 무열왕이 왕위에 오른 뒤에는 무열왕과 함께 백제를 멸망시키고 삼국 통일의 기반을 닦았어요.

❀ 김유신은 왜 아끼던 말의 목을 베었을까?

청년 김유신은 한때 천관이라는 기생을 무척 좋아했어요. 그래서 매일 밤 천관을 만나러 다니느라 무예와 글 익히는 것을 게을리했답니다. 이 사실을 알게 된 어머니는 김유신을 불러 크게 꾸짖었어요. 그 후 김유신은 깨달은 바가 있어 다시는 천관을 찾지 않았어요.

그러던 어느 날, 술에 취한 김유신이 말 위에서 잠이 든 적이 있었어요. 유신을 태운 말은 유신을 천관의 집으로 데려갔지요. 그러자 김유신은 어머니와의 약속을 지키기 위해 자신이 아끼던 말의 목을 베어 버렸답니다.

▲ 삼국 통일을 이끈 신라의 명장, 김유신

❀ 왜 신라에만 여왕이 있었을까?

우리나라 역사상 여자가 왕이 된 시대는 신라 시대뿐이에요. 신라 시대의 제27대 선덕 여왕과 제28대 진덕 여왕, 통일 신라 시대의 진성 여왕, 이 세 사람이지요. 그 이유는 바로 골품 제도 때문이에요. 당시 신라에서는 부모가 모두 성골인 사람만이 왕위에 오를 수 있었어요. 만약 성골 출신 중에서 왕위를 이을 왕자가 없는 경우에는 성골 여자가 대신 왕위에 올랐지요.

그런데 삼국 통일을 앞두고 진골에서도 왕이 나왔어요. 그렇게 탄생한 최초의 진골 출신 왕은 바로 태종 무열왕이랍니다.

620

제27대 선덕 여왕 즉위 ➡ **632** ⬅ 무함마드 죽음

분황사 건립 ➡ **634**

637 ⬅ 사라센, 예루살렘 점령

638 ⬅ 프랑크 왕국 분열

분황사 석탑

분황사 석탑은 안산암을 벽돌 모양으로 다듬어서 쌓아 올렸어요. 문기둥에 새겨진 금강역사상은 최고의 걸작으로 손꼽혀요.

▲ 사산 왕조 페르시아 은화

640

645 ⬅ 일본, 다이카 개신

비담·염종의 반란, ➡ **647**
첨성대 설치

651 ⬅ 사산 왕조 페르시아 멸망

제29대 무열왕 즉위 ➡ **654**

경주 분황사 터에 우뚝 서 있어.

백제 왕조 멸망, ➡ **660**
김유신, 상대등에 임명

제30대 문무왕 즉위 ➡ **661** ⬅ 옴미아드 왕조 성립

670 ⬅ 왜국, 국호를 일본으로 정함

의상이 왕명으로 부석사 창건, ➡ **676**
삼국 통일 완성

▲ 부석사

옴미아드 모스크

시리아의 수도 다마스쿠스에 있는 이슬람 사원이에요. 테오도시우스 황제가 개축해서 크리스트교 교회로 사용했고, 옴미아드 왕조 칼리프 왈리드 1세가 모스크로 바꾸었어요.

680 ⬅ 콘스탄티노플 종교 회의

대왕암 조성, ➡ **681**
김흠돌 반란 진압

내외벽은 비잔티움 양식의 모자이크로 꾸며졌어.